AF460220

1 Février 1886.

99 P

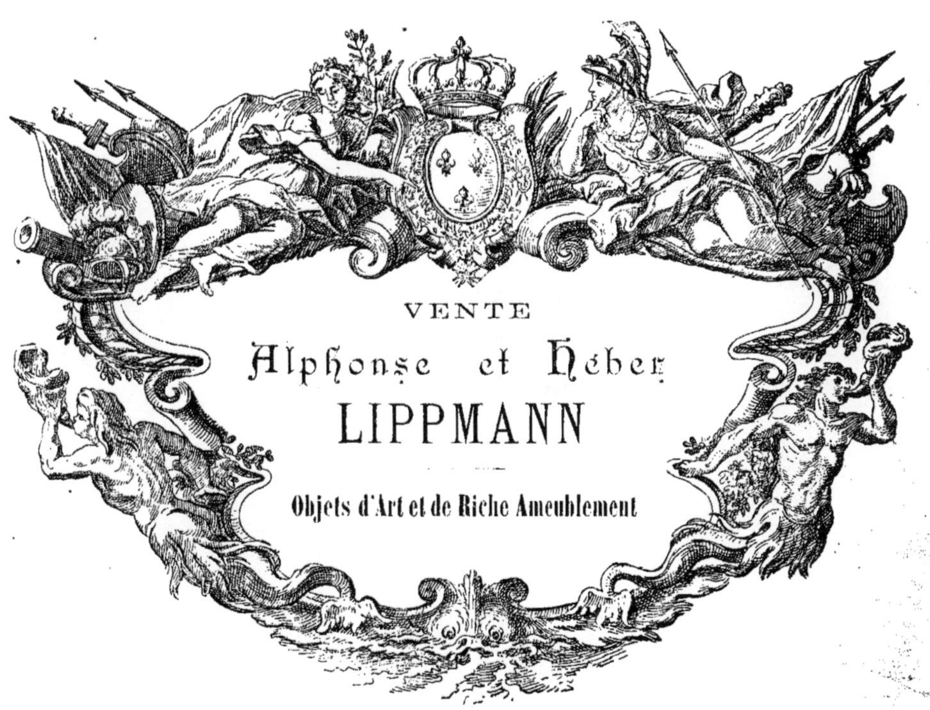

VENTE

Alphonse et Heber LIPPMANN

Objets d'Art et de Riche Ameublement

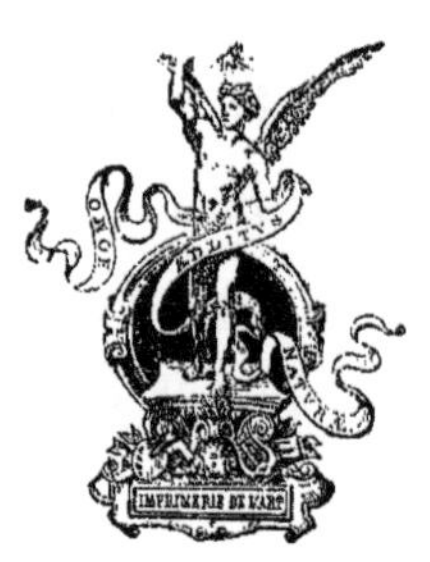
IMPRIMERIE DE L'ART

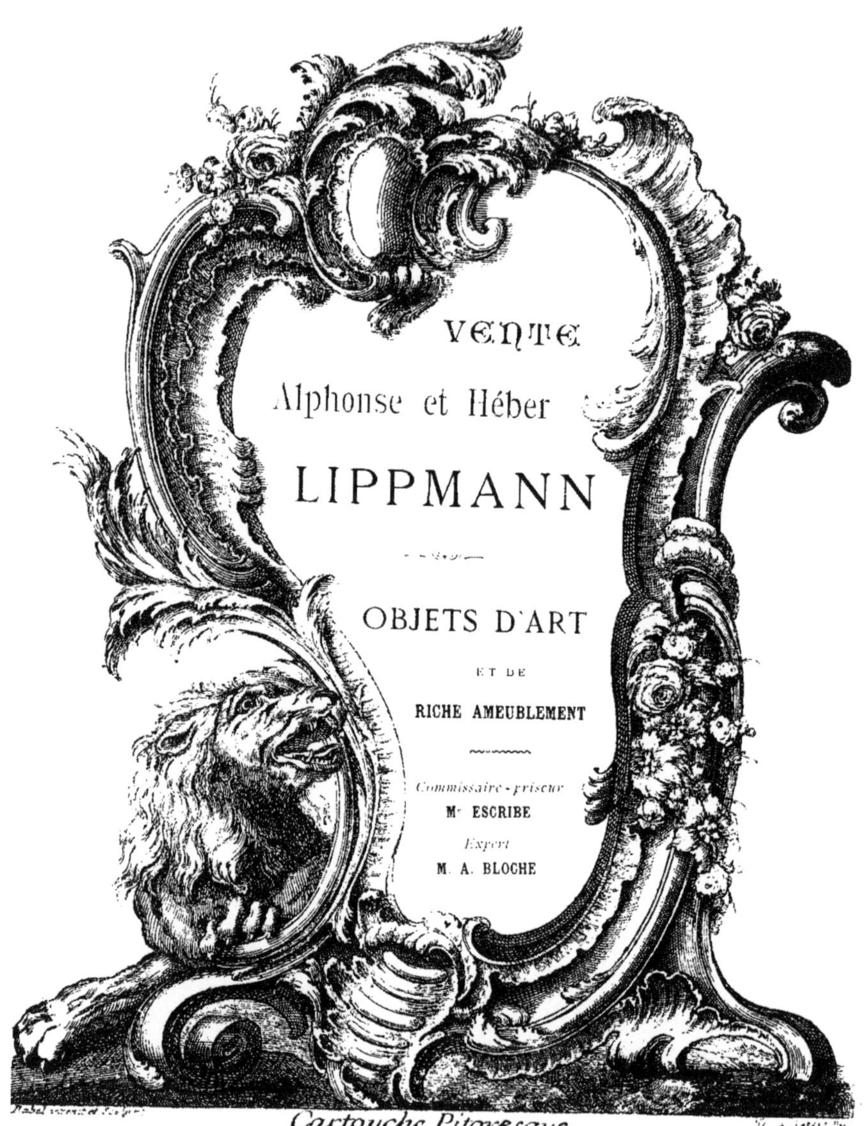

VENTE

Alphonse et Héber

LIPPMANN

OBJETS D'ART

ET DE

RICHE AMEUBLEMENT

Commissaire-priseur

Me ESCRIBE

Expert

M. A. BLOCHE

Cartouche Pitoresque

PARIS — IMPRIMERIE DE L'ART
E. MÉNARD ET J. AUGRY, 41, RUE DE LA VICTOIRE

CATALOGUE

DES

OBJETS D'ART

ET DE

RICHE AMEUBLEMENT

Magnifiques Meubles décorés et sculptés, ornés de bronzes
Styles xve et xviiie siècles

Modèles originaux de MM. Alphonse et Héber Lippmann

Beaux Meubles anciens
Porcelaines de Saxe, Chine, Japon et autres, montées et non montées
Bronzes européens et orientaux
Laques — Trophée de musique — Faïences
Terres cuites — Objets de vitrine et de curiosité
Tableaux anciens — Tapis d'Orient du xvie siècle — Étoffes — Costumes

FORMANT

La Précieuse Collection de MM. Alphonse et Héber Lippmann

ET DONT LA VENTE AURA LIEU

HOTEL DROUOT, SALLE N° 8

Les Lundi 1er et Mardi 2 Février 1886

ET SALLE N° 9

Le Mercredi 3 Février 1886

A DEUX HEURES

Me ESCRIBE	**M. A. BLOCHE**
COMMISSAIRE-PRISEUR	EXPERT
6, rue de Hanovre, 6.	23, rue Chauchat, 23.

Chez lesquels se distribue le présent catalogue.

EXPOSITIONS

PARTICULIÈRE	PUBLIQUE
Le Samedi 30 Janvier 1886	**Le Dimanche 31 Janvier 1886**
De 2 heures à 6 heures.	De 1 heure à 5 heures.

CONDITIONS DE LA VENTE

Elle sera faite *expressément* au comptant.

Les Acquéreurs paieront CINQ POUR CENT en sus des enchères applicables aux frais de la vente.

L'exposition mettant le public à même de se rendre compte de l'état des objets, aucune réclamation ne sera admise une fois l'adjudication prononcée.

Nota. — Les dessins de ce catalogue ont été faits par MM. Alphonse et Héber Lippmann.

Le présent Catalogue se distribue :

A Paris { Chez Me ESCRIBE, commissaire-priseur, 6, rue de Hanovre
— M. A. BLOCHE, expert, 23, rue Chauchat.

A Londres, chez M. G. DONALDSON, 106, New Bond Street.

A Francfort-sur-le-Mein, chez MM. LOWENSTEIN, 4, Kaiser Strasse.

A Bruxelles, chez M. TH. STROOBANTS, 9, boulevard d'Anvers.

DÉSIGNATION DES OBJETS

MEUBLES DE STYLE ET ORIGINAUX

1 — Très beau meuble original, inspiré du grand style de la Régence.

Il est de forme bahut largement cintré, s'ouvre à un battant sur le devant, dont le décor représente une vue de parc animé de nombreux personnages : gentilshommes et grandes dames en costumes de l'époque, assistant à une joute sur l'eau ; peinture en camaïeu bleu sur fond d'or de différents tons. Cette charmante composition est encadrée d'un grillage feuillagé en polychrome et, sur les côtés, sont représentés des attributs guerriers et champêtres. Il est richement orné de bronzes finement ciselés et dorés au mat, représentant des enroulements, des coquilles, des chutes, des appliques et des mascarons. Le couronnement est surmonté d'une statue équestre de Renommée en bronze doré au mat. Ce meuble est posé sur un socle en bois sculpté d'une grande finesse d'exécution, doré dans le ton ancien.

Les peintures et les bronzes portent les signatures de leurs auteurs.

Hauteur totale, 2 m. 85 cent.; largeur avec socle, 2 m.
Hauteur sans socle, 2 m. 20 cent.; largeur sans socle, 1 m. 65 cent.

2 — Très beau meuble original, inspiré du grand style Louis XV. Il est de forme bahut, à côtés gracieusement cintrés, décoré sur la façade d'un sujet représentant un concert dans un bosquet; composition dans le goût de Le Prince, encadrée d'ornements rocailles, de feuillages et de draperies; peinture en camaïeu rose de différents tons et or sur fond d'or rouge feu. Les côtés offrent de charmants paysages et des attributs de musique suspendus à des nœuds de rubans et encadrés d'enroulements, très largement dessinés. Il est richement orné de bronzes finement ciselés et dorés au mat, représentant des chutes en forme de trophées de musique, des montants d'appliques suivant les contours des pieds en forme de cariatides de femmes nues rappelant les principaux personnages du sujet de peinture, des moulures et des enroulements. Dessus en marbre vert de mer.

Les peintures et les bronzes portent les signatures de leurs auteurs.

Haut., 1 m. 50 cent.; larg., 1 m. 50 cent.

3 — Très beau meuble-crédence a deux corps, original, inspiré du style byzantin.

Il est en bois doré vieil or, d'après les procédés de l'époque, par application de feuilles métalliques. Orné sur les battants et sur la façade du piétement de panneaux de verre avec émaux champlevés et cloisonnés de cuivre, enrichis de cabochons et

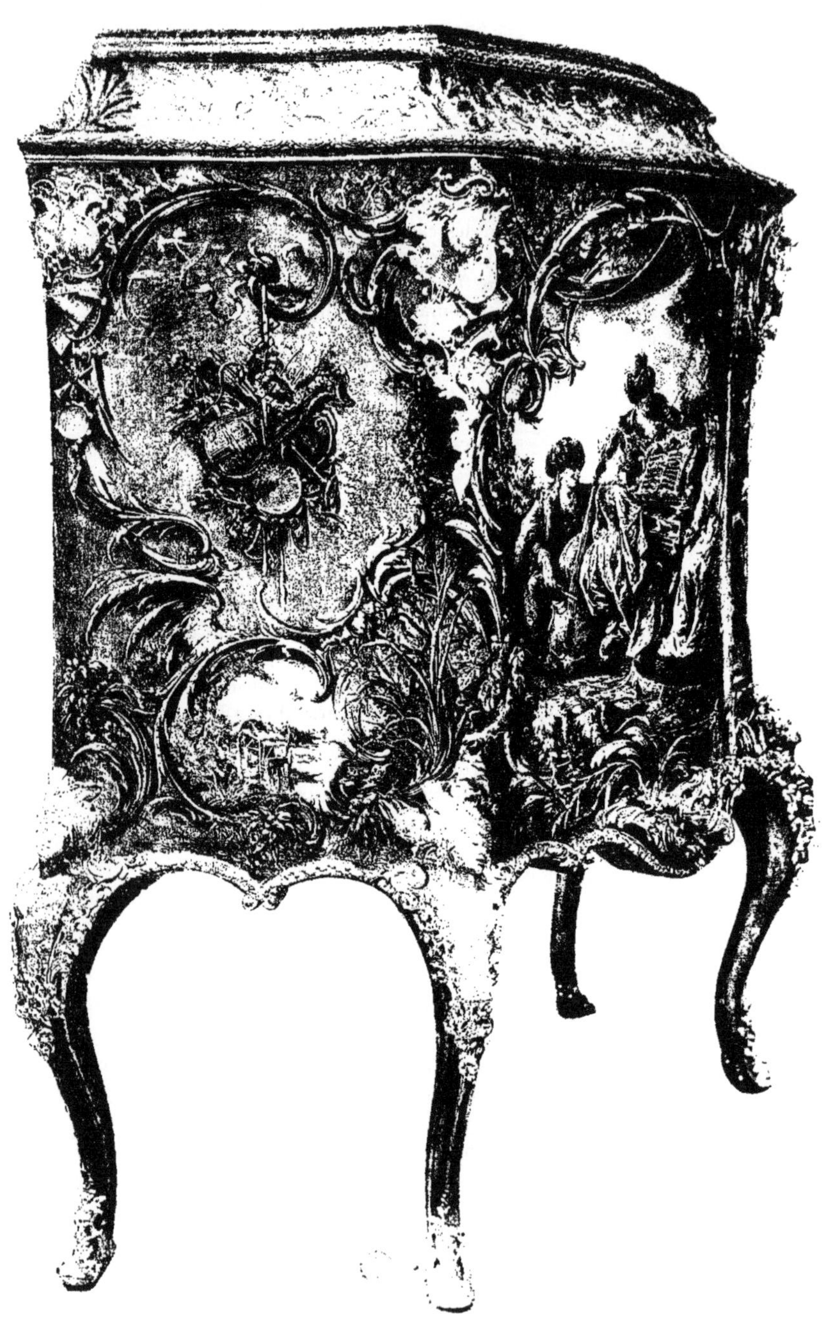

N° 2.

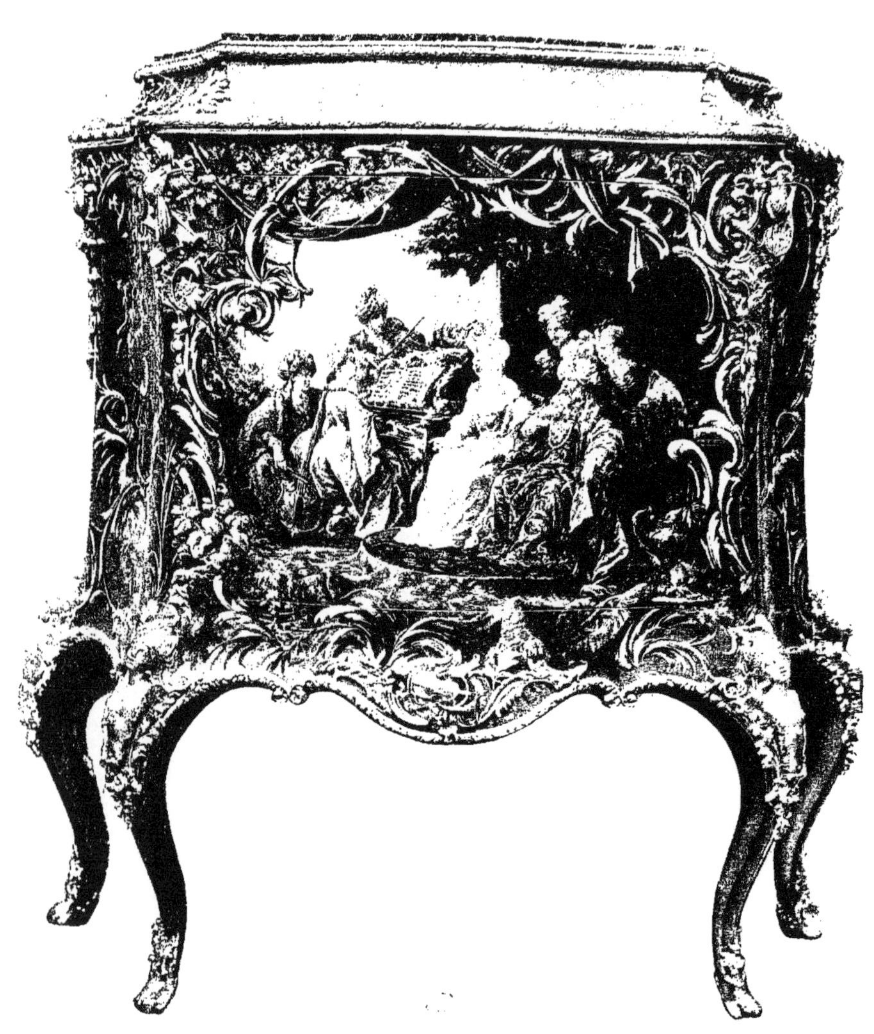

N° 2.

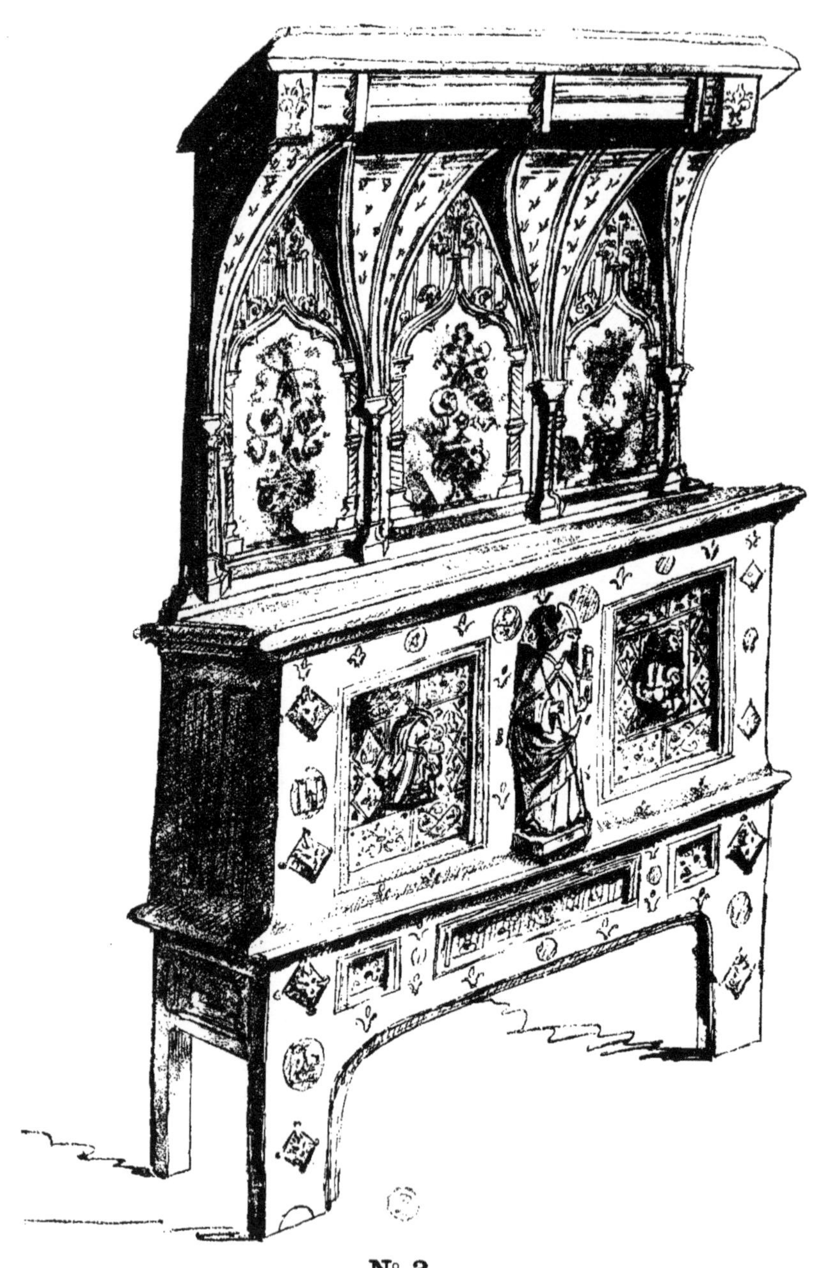

N° 3.

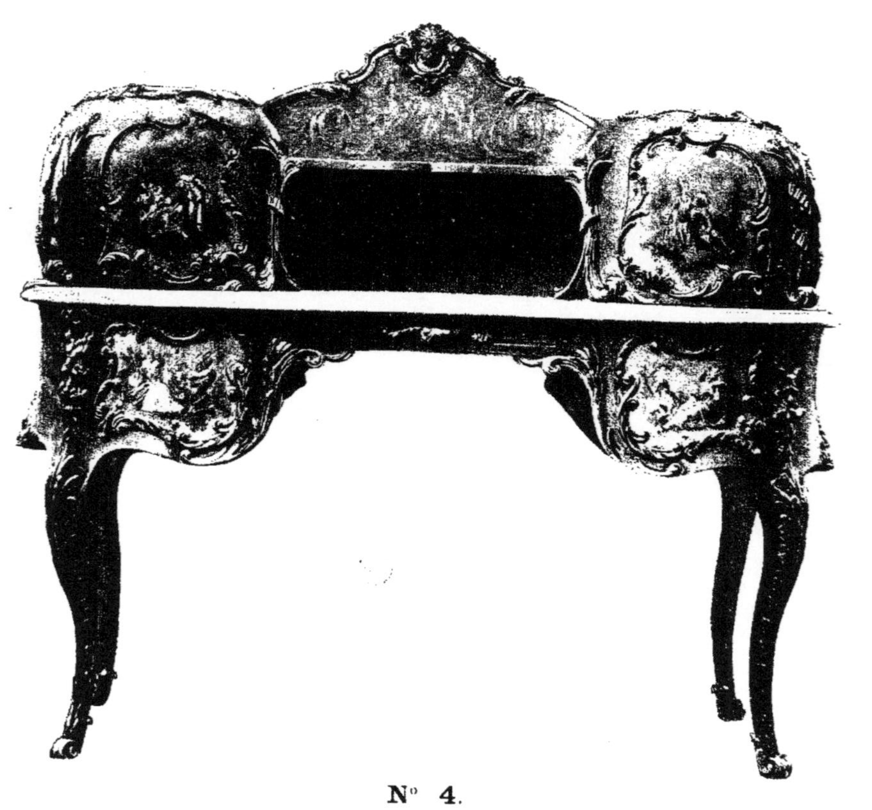

N° 4.

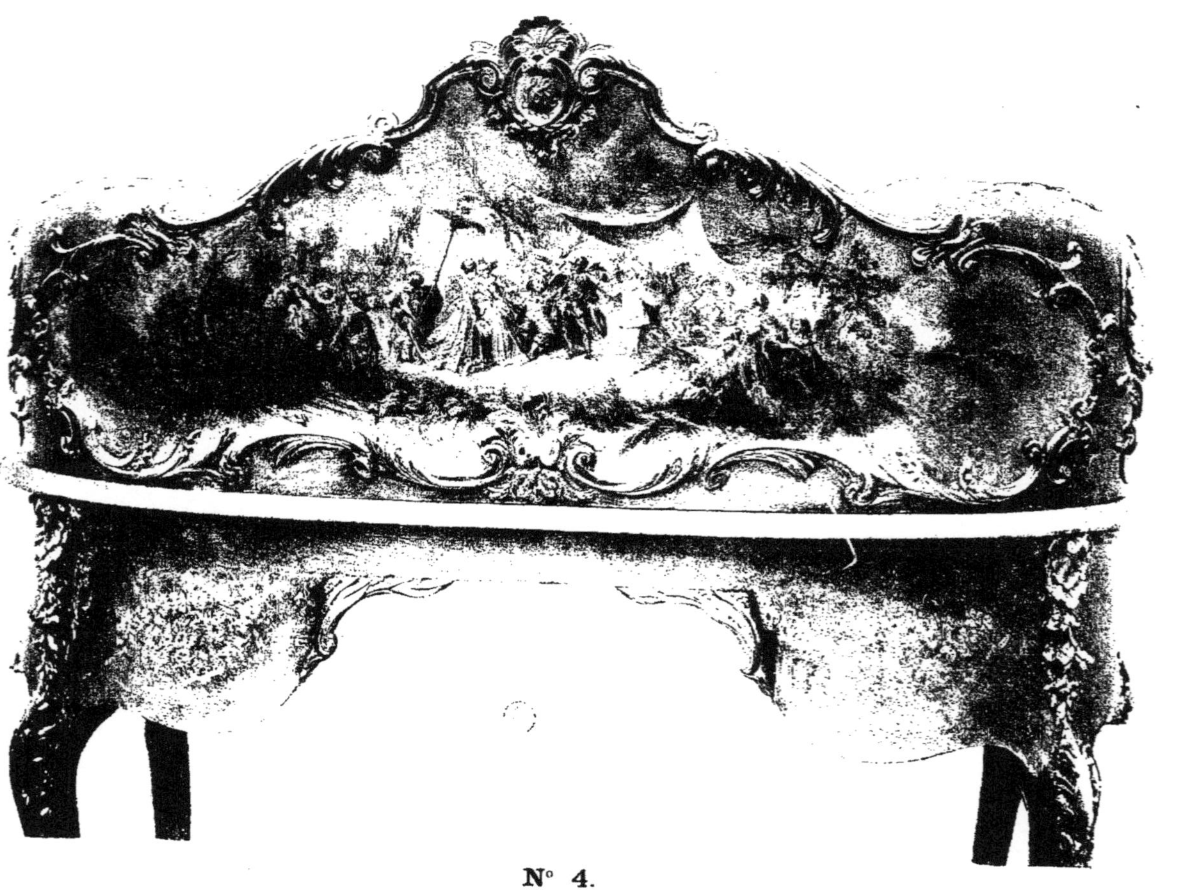

N° 4.

de perles. Il s'ouvre à deux vantaux offrant chacun, au centre, les bustes en haut-relief sur cuivre de *la Vierge avec l'Enfant* et d'un *Apôtre*. Au milieu, est posée une figurine d'évêque en bois sculpté rehaussé d'or et de peinture. Autour des panneaux, sont appliqués des fleurs de lis et des mufles de lions en bronze, des médaillons à figures symboliques en peinture sur fond rouge. Il est surmonté d'un dôme à voussure fond d'or fleurdelisé, divisé en trois compartiments, dessin ogival encadrant des panneaux en verre rehaussé d'émaux champlevés, d'or et de cabochons.

Ce meuble porte les signatures de ses auteurs.

Haut., 2 m. 15 cent.; larg., 1 m. 20 cent

4 — Très beau bureau, de forme dite rognon, inspiré du style Louis XV. Œuvre originale de peinture et de sculpture. La forme est des plus élégantes, à contours, bombée et cintrée dans tous les plans. Sur toutes les faces sont représentées des scènes galantes tirées de la comédie italienne, peinture polychrome sur fond bleu turquoise à paillons. Les encadrements, les montants, les chutes et le fronton offrent une suite de rocailles, d'enroulements et de fleurs sculptés en plein bois et dorés, d'une finesse remarquable d'exécution et se détachant sur un fond d'or rouge ancien.

Ce meuble porte les signatures de ses auteurs.

Haut., 1 m. 15 cent.; larg., 1 m. 40 cent.

5 — Magnifique armoire a deux portes, grand style Régence, en palissandre massif et ciré, ornée au fronton d'une moulure à feuilles d'acanthe sculptée en plein bois et, sur le piétement, d'une suite d'arabesques et de feuilles d'acanthe de même travail, sur lequel se détache un tablier en marqueterie de cuivre. Chaque battant est orné d'un grand et superbe panneau en laque fond noir, décor en relief et en polychrome rehaussé d'or et incrusté de pierres dures, représentant des sujets japonais à personnages d'une expression remarquable, de grandeur

demi-nature. Ce meuble est richement orné d'un fronton à grands enroulements, de moulures, d'encadrements et de charnières en bronze ciselé et doré.

Haut., 2 m. 60 cent.; larg., 1 m. 37 cent.

6 — Très jolie petite table dite bijou, forme d'une élégance rare, aux contours les plus mouvementés, inspirée du rocaille français. Toute en bois de palissandre ciré, très richement ornée d'une résille de bronze finement ciselé, repercé et doré au ton ancien, formant dessus un large encadrement. Sur chaque côté, des petits encadrements et, sur les pieds, des enveloppes à ornements rocailles et animaux dans le goût de *Bèche*. Elle s'ouvre à charnières, est garnie de soierie à l'intérieur et sert de coffret à bijoux.

Haut., 70 cent.; larg., 35 cent.

7 — Très beau meuble a deux corps, d'aspect monumental, dans le style oriental du xvie siecle. Le piétement, à jour, est supporté par quatre colonnes surbaissées, surmontées de chapiteaux sphériques en bois sculpté et fond doré. Le corps principal s'ouvre à un battant orné d'un panneau de moucharabies de différents modèles, très finement travaillés et rehaussés d'or par parties. Le fronton offre trois médaillons en émaux de couleur sur paillons métalliques et un encadrement avec inscription sculptée en plein bois. Il est supporté par deux colonnes en marbre portor, et couronné par une galerie à jour rappelant les arcatures de l'Alhambra. Les côtés sont ornés de sculptures à rosaces et rinceaux.

Meuble original.

Haut., 2 m. 50 cent.; larg., 1 m. 25 cent.

8 — Très joli petit meuble-secrétaire Marie-Antoinette, tout en bois des iles et citronnier, élevé sur quatre pieds à contours; s'ouvre à rabat offrant au centre un charmant dessin gouaché de *Fragonard*, sujet mythologique de la vie des *Nymphes et*

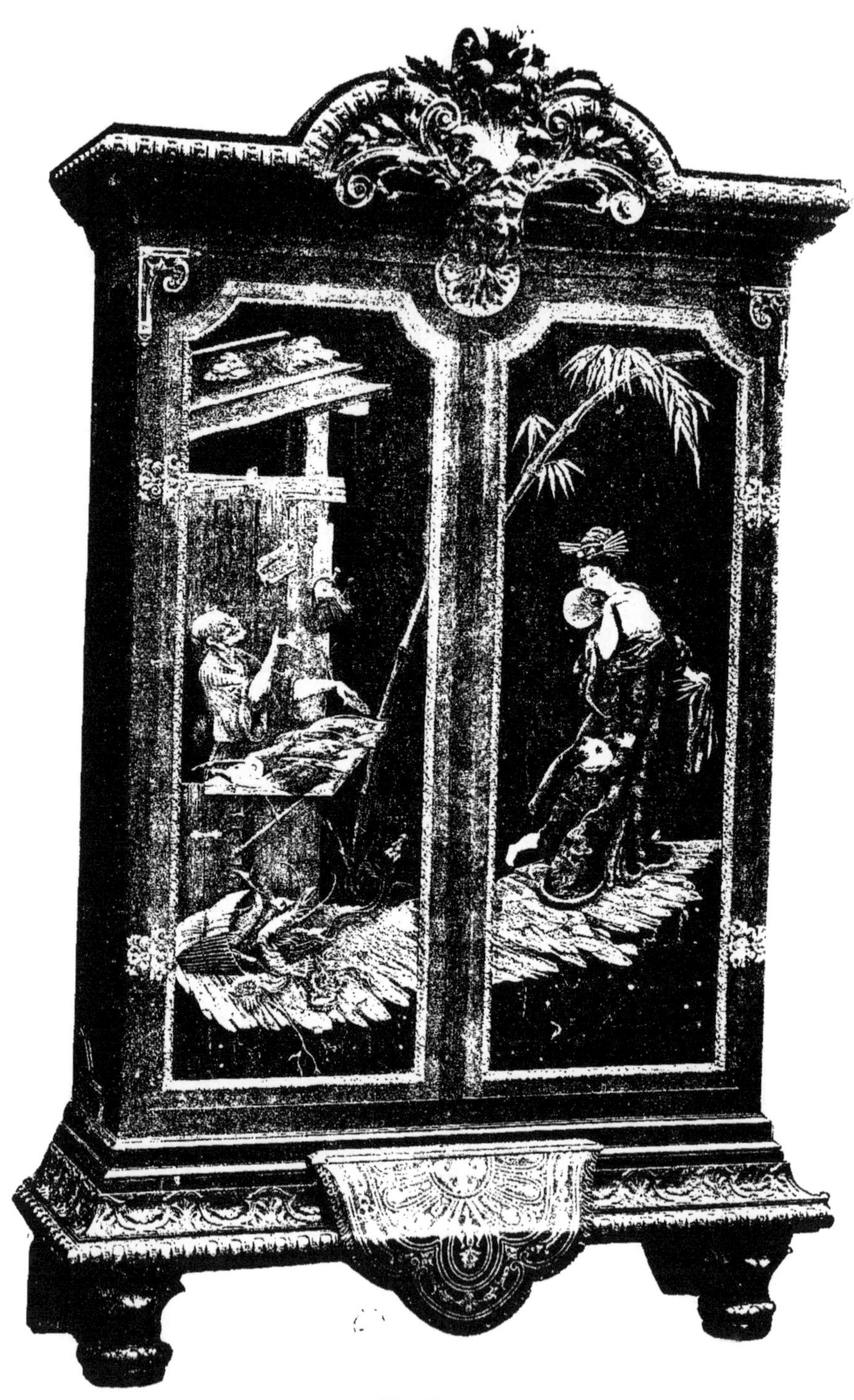

N° 5.

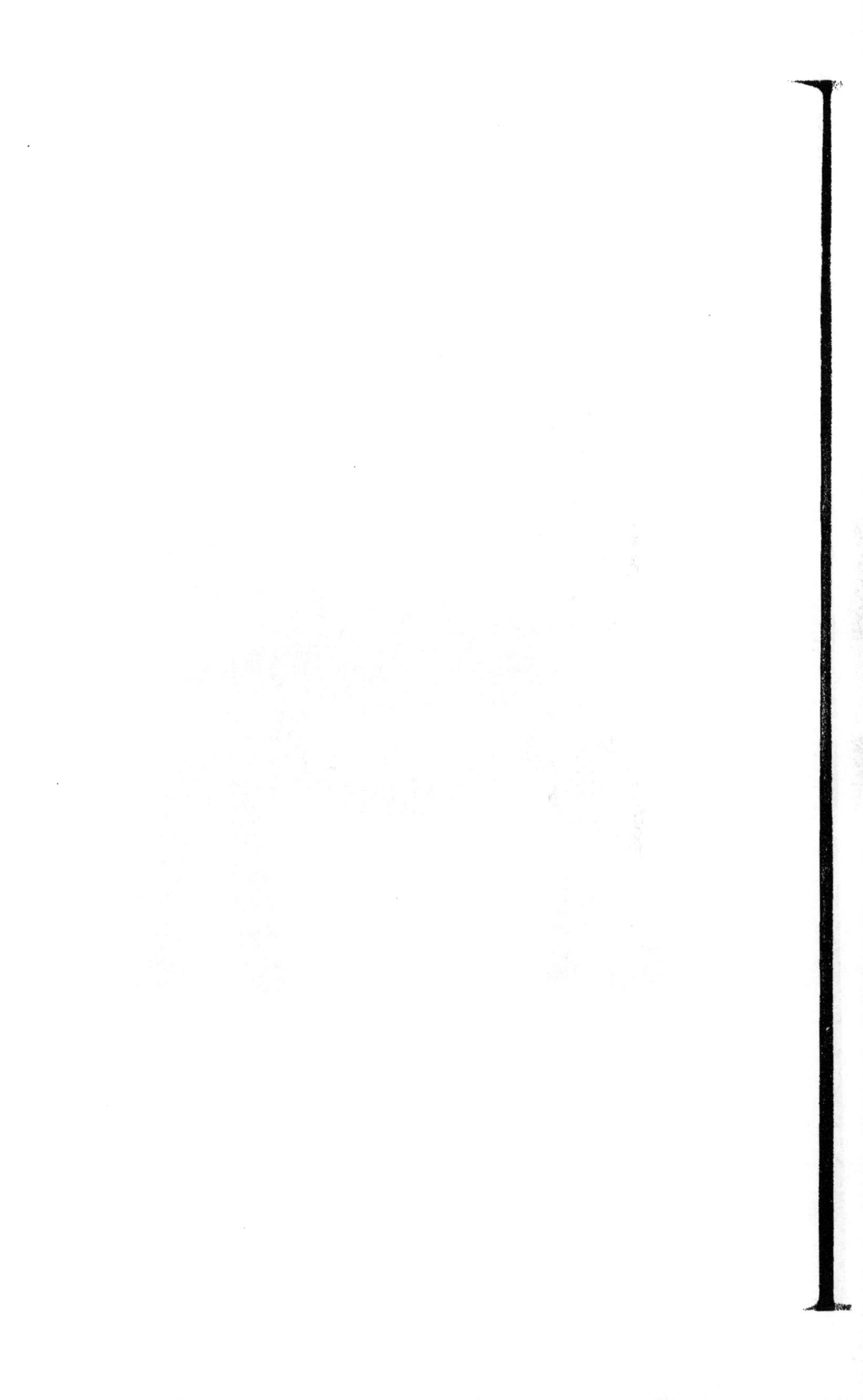

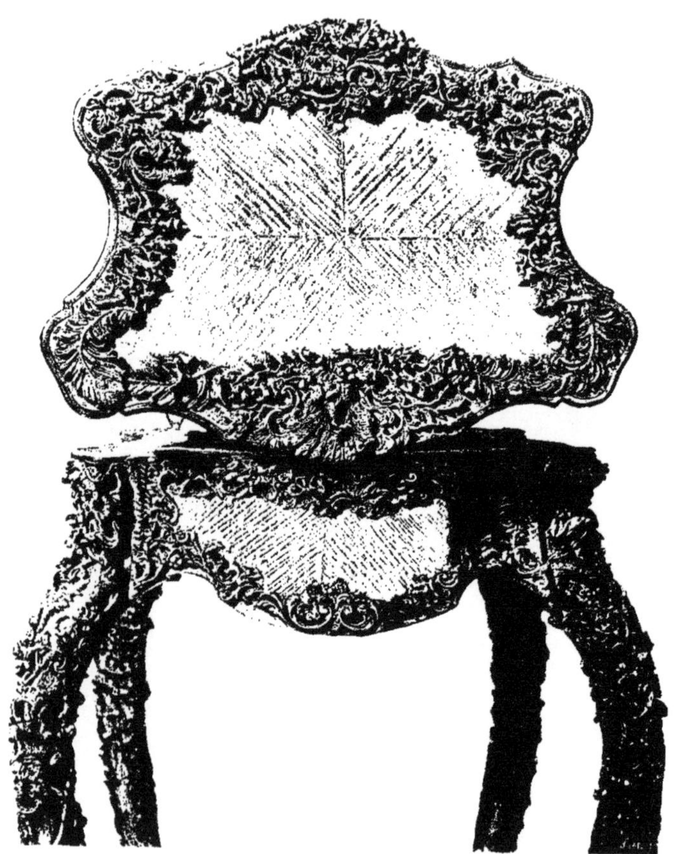

N° 6.

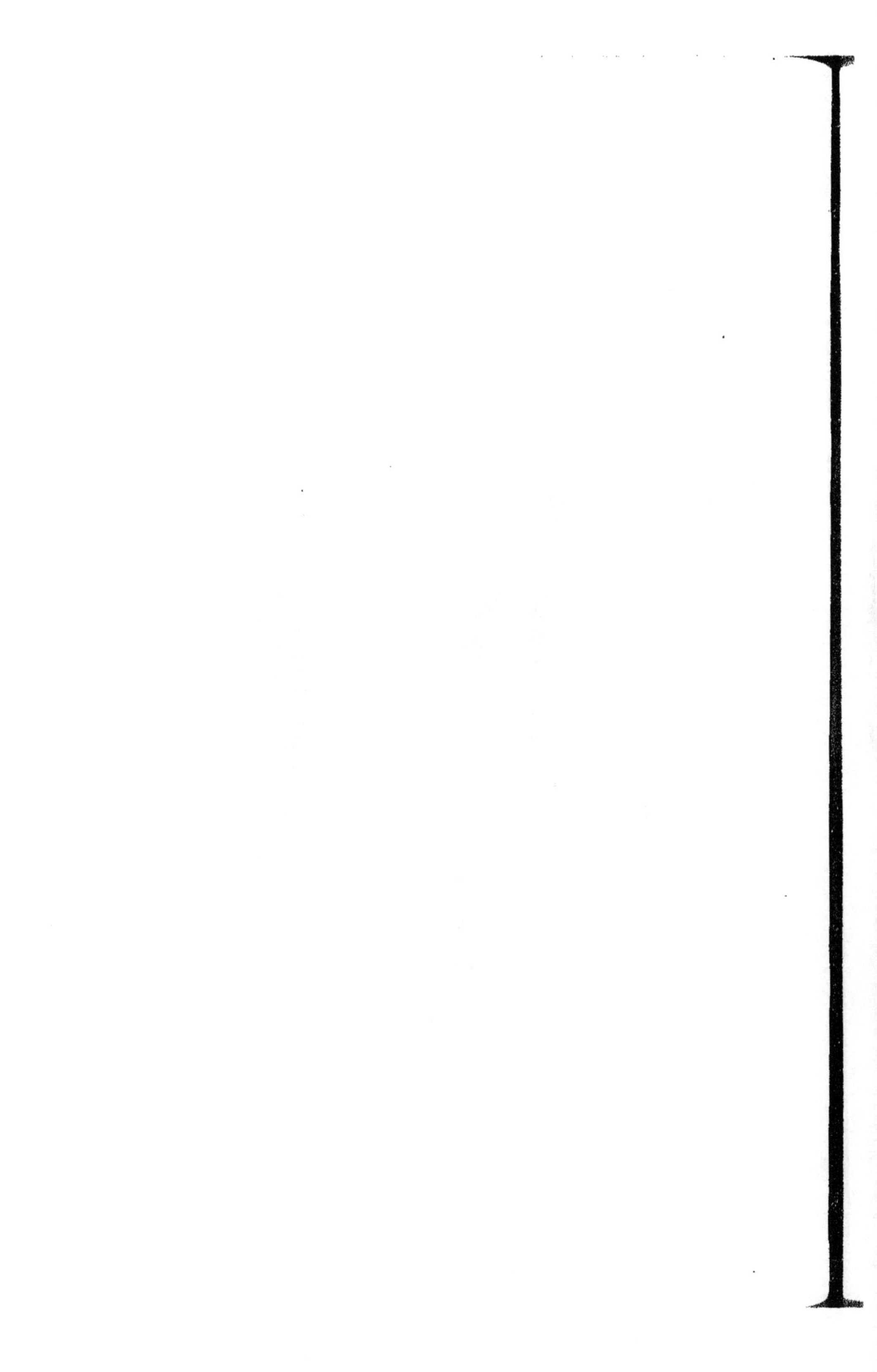

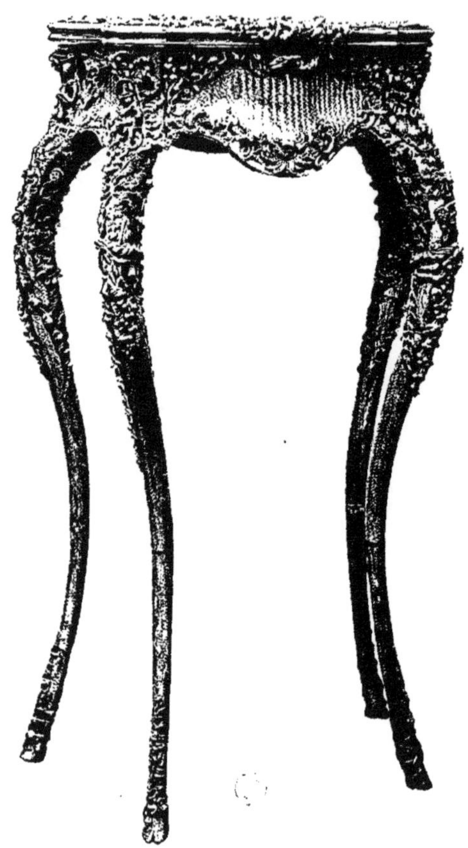

N° 6.

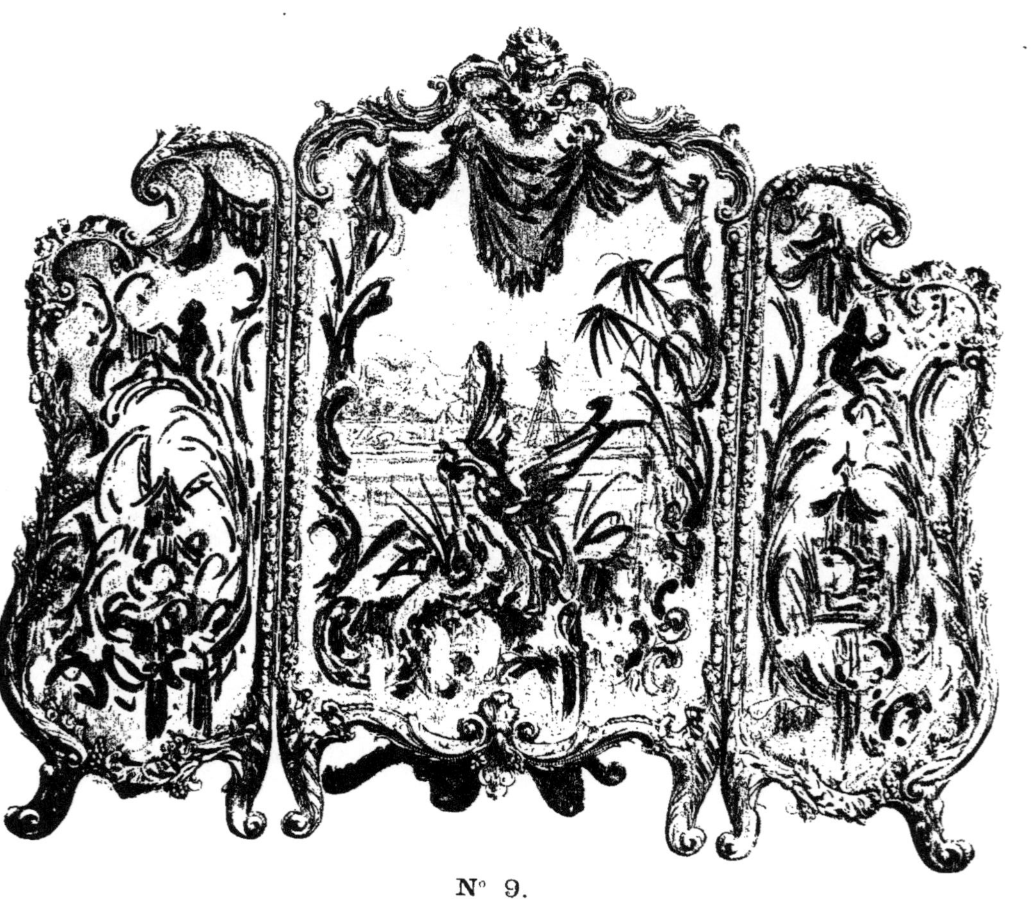

N° 9.

Satyres. Très richement orné d'encadrements et de moulures en bronze ciselé et doré. L'intérieur, en bois d'acajou, offre des rayons et quatre tiroirs. Le revers du battant est gainé de lampas fond rouge à fleurs et le cartouche de la serrure est masqué par un bas-relief en bronze ciselé et doré, dessin à rinceaux feuillagés sur fond bleui. Dessus en marbre brèche fleuri avec galerie de cuivre.

Meuble original.

Haut., 1 m. 50 cent.; larg., 60 cent.

9 — Magnifique paravent à trois feuilles, de style Louis XV.

Le panneau central, plus grand que les deux autres, représente un paysage féerique avec animaux fabuleux, surmonté d'une draperie. Les côtés offrent des médaillons à paysages enveloppés d'ornements avec figures d'animaux jouant sur des enroulements. Peinture polychrome sur fond d'or. Les encadrements, en bois finement sculpté et doré, présentent une suite de rocailles feuillagées et de guirlandes de fleurs.

10 — Belle console, forme à contours, style Régence, en bois doré, offrant sur les montants et sur la façade des rocailles et des attributs de musique finement sculptés se détachant en haut-relief. Le fond, doré, est rehaussé de peintures coquilles et gerbes de fleurs en polychrome. Dessus en marbre vert de mer.

Haut., 95 cent.; larg., 1 m. 60 cent.

11 — Grande et belle glace avec encadrement à fronton cintré en bois sculpté et doré, style Régence, représentant comme montants des palmiers et des attributs de musique champêtre; au fronton, un médaillon, paysage en peinture encadré de rocailles et de gerbes de fleurs. Cette glace, avec la console précédente, forment un ensemble qui pourra être divisé.

Haut., 2 m. 20 cent.; larg., 1 m. 25 cent.

12 — Joli meuble d'appui s'ouvrant à un battant, de forme cintrée, décoré sur la façade d'un sujet allégorique : *le Retour de la pêche;* sur les côtés, des arbres et des branchages; peinture en camaïeu sur fond gris, transparent sur paillons d'argent. Orné de chutes et d'appliques à coquilles et fleurs en bronze ciselé et doré. Dessus en marbre vert de mer.

Haut., 1 mètre; larg., 75 cent.

13 — Table-bureau à contours, de forme Louis XV, en bois de palissandre ciré, ornée d'incrustations de bois des îles en couleur naturelle et polychromes représentant des gerbes de fleurs et des ornements. Les montants et chutes garnis de bronzes ciselés et dorés, dessin rocaille.

Haut., 77 cent ; larg., 1 m. 35 cent.

14 — Grande et belle table rectangulaire à angles arrondis, de style Louis XVI, en bois d'acajou massif, supportée par quatre pieds forme carquois, avec bandeau ajouré finement sculpté, dessin à arabesques, offrant sur chaque face, au milieu, un panneau en peinture camaïeu vert représentant des attributs champêtres. Dessus en marbre brocatelle.

Meuble original.

Haut., 80 cent.; larg., 1 m. 70 cent.

15 — Table curieuse, de forme rectangulaire, élevée sur piétement à tréteaux, complètement couverte de cuir fauve, doré au petit fer. Travail analogue aux reliures du XVIe siècle. Aux extrémités, elle offre deux réserves s'ouvrant à charnières, servant de boite à jeu.

Haut., 75 cent.; long., 1 m. 25 cent.; larg., 63 cent.

16 — Jolie table-support en bois de noyer, bordée d'ébène, ayant la forme de la croix de Saint-André, avec piétement formé de

douze colonnettes reliées par des arcades, et supportée au centre par une colonnette en agate orientale. Style XVIe siècle.

Haut., 90 cent.; larg., 85 cent.

17 — JOLIE TABLE à contours fond d'or, décor à fleurs et feuillages en polychrome, orné de chutes à coquilles et fleurs en bois sculpté et doré dans la masse. Sur chaque face, elle offre des mascarons ailés, à feuillages en bronze doré. Dessus en partie couvert de brocatelle brochée à fleurs. Style Louis XV.

Haut., 80 cent.; long., 1 m. 15 cent.; larg., 65 cent.

18 — TABLE-BUREAU à contours, en bois de palissandre ciré, ornée de bronzes ciselés et dorés, dessin à rocailles. Style Louis XV.

Haut., 80 cent.; long., 1 m. 25 cent.; larg., 68 cent.

19 — CONSOLE de forme Louis XV, décorée de tambours de basque et de fleurs en couleur sur fond vert, offrant, sur le devant, une chute à mascarons et feuillages en bronze ciselé et doré au mat. Dessus en marbre griotte.

Haut., 95 cent.

20 — VITRINE D'APPLIQUE de forme architecturale, en noyer ciré, ornée de colonnes enguirlandées de lierre, surmontée de chapiteaux, avec fronton à incrustations de marbre vert de mer. Style Renaissance.

Haut., 2 m. 40 cent.; larg., 1 m. 15 cent.

21 — VAISSELIER D'APPLIQUE à trois étagères, en chêne sculpté. Style Renaissance.

Haut., 1 m. 20 cent.; larg., 80 cent.

22 — Table rectangulaire avec piétement à X, en noyer. Style Renaissance.

Haut., 72 cent.; long., 1 mètre; larg., 55 cent.

23 — Glace avec très joli encadrement en bois finement sculpté et doré, offrant au fronton une coquille et des guirlandes de fleurs. Sur la moulure, une suite de rinceaux et, dans le bas, un éventail à panaches, des enroulements et des fleurs. Style Louis XVI.

Haut., 1 mètre; larg., 65 cent.

24 — Meuble a deux corps en bois de noyer, orné d'incrustations de bois et d'ivoire représentant des vases de fleurs, des oiseaux et des rinceaux; orné de colonnettes et de marbre vert de mer. Style Henri II de l'école lyonnaise.

Haut., 1 m. 75 cent.; larg., 1 m. 15 cent.

25 — Console-étagère en bois sculpté et doré, dessin à fleurs et rocailles, rehaussée d'un décor de fleurs et de rinceaux en polychrome sur fond d'or. Style Louis XV.

Haut., 1 m. 32 cent.; larg., 1 m. 20 cent.

26 — Meuble a deux corps en bois de noyer, posant sur piétement à pilastres; s'ouvrant à deux vantaux en marqueterie de bois de couleur naturelle représentant des perspectives de monuments. Style xvie siècle.

Haut., 1 m. 75 cent.; larg., 1 m. 10 cent.

27 — Deux gaines à quatre faces, en noyer, ornées de feuillages enroulés et de fleurs en fer repoussé, et offrant au centre un bouquet de fleurs à tiges en spirales en fer forgé. Style Renaissance.

Haut., 1 m. 35 cent.; larg., 40 cent.

28 — Joli petit meuble-vitrine en bois d'acajou massif, forme à cage, garni de glaces, orné de colonnettes cannelées surmontées de chapiteaux avec frises et fronton, fond d'or rehaussé de coquillages et d'arabesques peints en couleur. Il pose sur quatre pieds cannelés. Style Louis XVI.

Haut., 1 m. 50 cent.; larg., 45 cent.

29 — Vitrine en bois laqué rouge, décorée de fleurs et d'insectes à rehauts d'or, garnie à l'intérieur de panne rouge.

Haut., 1 m. 65 cent.; larg., 80 cent.

30 — Jolie étagère d'applique en bois sculpté et doré, offrant, sur le devant, un médaillon à paysages et figures dans un encadrement à rocailles sculptées en plein bois. Style Louis XV.

Haut., 1 m. 10 cent.; larg., 65 cent.

31 — Étagère de style japonais, en noyer, avec moulures saillantes dorées de forme bizarre.

Haut., 1 m. 10 cent.; larg., 1 mètre

32 — Jardinière de cheminée, style Louis XVI, en forme de bosquet, en bois d'acajou massif sculpté, avec treillage en bois doré et ajouré; ornée de panneaux à paysages et fleurs peints en polychrome sur fond d'or. Au centre, un groupe allégorique en biscuit, et, de chaque côté, des perroquets en porcelaine de Saxe.

Haut., 85 cent.; larg., 1 m. 30 cent.

33 — Coffre formant banquette, en noyer sculpté, offrant sur le devant une jolie composition d'après *Mackart*, peinture en couleur sur fond d'or.

34 — Petite table décorée dessus d'un sujet : *Pierrot amoureux*, sur fond rouge; s'ouvre et forme coffret. Style Louis XV.

35 — Jolie petite console en noyer sculpté, avec dessus à fond de glace forme palanquin à draperie. Style Régence.

Haut., 1 m. 25 cent.

36 — Deux colonnes en marbre d'Orient veiné, ornées de chapiteaux et de moulures en bronze doré. Style Louis XIV.

Haut., 1 m. 25 cent.

37 — Paravent à cinq feuilles, couvert de soierie japonaise fond rouge et broché, orné au centre d'une glace encadrée de noyer, avec petite tablette-support marquetée d'étain et de bois laqué noir.

38 — Support de jardinière en noyer finement sculpté, forme trépied antique.

Haut., 98 cent.

39 — Table rectangulaire en bois de fer sculpté, ornée dessus d'une théière et d'une jardinière avec des fleurs en incrustation de bois naturel, d'ivoire et de burgau.

Haut., 78 cent.; larg., 88 cent.; long., 63 cent.

40 — Fauteuil de forme circulaire, en bois de citronnier incrusté d'ébène, couvert en panne couleur fauve avec coussin. Style Renaissance.

41 — Soufflet en bois de noyer sculpté, forme rocaille, décoré, dans les parties bombées, de fleurs en polychrome sur fond d'or.

42 — PARAVENT à deux feuilles en satin de Chine rouge broché d'or, dessin au dragon, garni de franges assorties.

43 — BELLE TABLE RECTANGULAIRE en bois sculpté et doré, avec piètement à croisillons. Style Louis XIV.

Haut., 80 cent.; long., 1 m. 30 cent.; larg., 75 cent.

44 — CACHE-POT en terre laquée et dorée, sur support en bois sculpté et doré. Style Louis XIV.

45 — PARAVENT à trois feuilles, en peluche bleue, orné de lambrequins en dentelle de Hongrie.

46 — TABOURET de forme Renaissance, en bois de noyer, avec piètement architectural.

47 — LUSTRE de galerie de chasse en bois de cerf sculpté, avec bras de lumières en fer et figure de page portant un écusson. Style Moyen-Age suisse.

48 — LIT en bois sculpté et doré, décor à ornements et guirlandes de fleurs, garni de lampas rose. Style Louis XVI.

49 — TABLE DE TOILETTE en noyer sculpté, forme à contours, de style Louis XV, dessus en lampas et à compartiments avec flacons anciens en verre; surmontée d'une glace montée sur chevalet.

50 — Trumeau en bois sculpté, d'aspect architectural, à colonnes surmontées d'un fronton avec portrait de femme, d'après *Mackart*.

51 — Joli coffret à bijoux, forme à contours, style Louis XV, en bois sculpté et doré, rehaussé d'un paysage et de fleurs peints en couleur sur fond d'or.

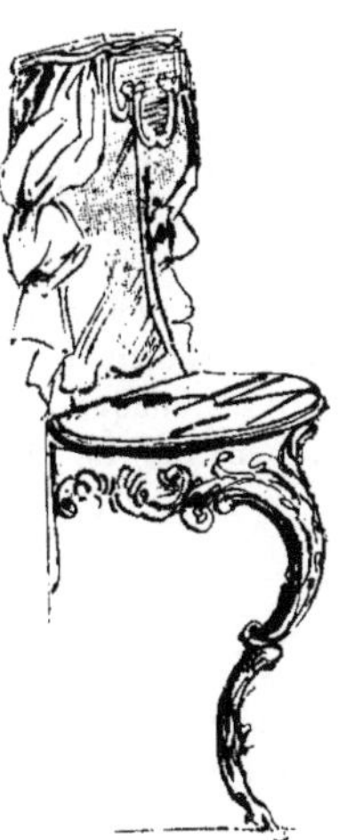

N° 35.

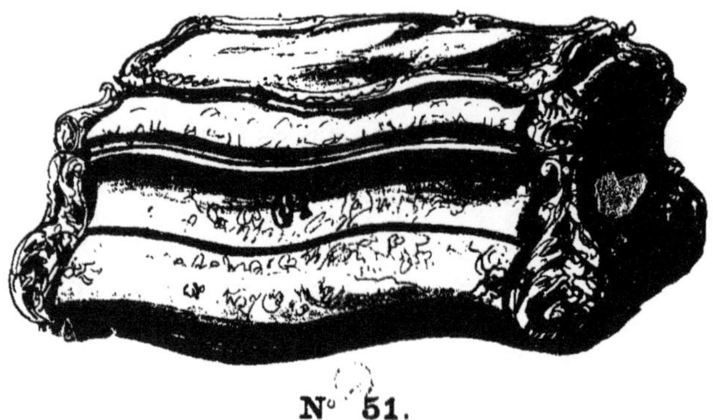

N° 51.

MEUBLES ANCIENS

52 — Paravent à trois feuilles, en satin peint à la gouache, représentant, sur le panneau principal, un épisode de l'histoire de Don Quichotte, et, de chaque côté, des attributs guerriers suspendus par des chaînes de fleurs à draperies. Époque Louis XVI.

Haut., 1 m. 25 cent.; larg., 1 m. 55 cent.

53 — Bureau a dos d'ane en vernis Martin, s'ouvrant à secret, décor fond vert tacheté d'or avec médaillons à fleurs, entrées de serrures et poignées en bronze. Époque Louis XV.

Haut., 95 cent.; larg., 95 cent.

54 — Belle épinette en vernis Martin, fond rouge, décor à fleurs et attributs en polychrome. A l'intérieur, elle représente deux sujets : une bataille de cavalerie vue à vol d'oiseau et un guerrier à cheval.

Meuble rare.

55 — Belle commode de forme bombée, en bois sculpté, offrant un décor à fleurs en polychrome sur fond d'or. Travail dit vernis Martin, encadrement à rinceaux et feuillages, poignées et entrées de serrures en bronze. Époque Louis XV. Dessus en cuir doré au petit fer.

Haut., 88 cent.; larg., 1 m. 20 cent.

56 — Commode élevée sur quatre pieds, en bois de noyer sculpté et rehaussé d'or, avec médaillons à paysages et attributs peints en camaïeu bleu sur fond clair, avec poignées à tores de lauriers, rosaces et festons de rubans en bronze doré. Dessus en marbre brèche de Sardaigne noir veiné de jaune. Époque Louis XVI.

Haut., 90 cent.; larg., 1 m. 10 cent.

57 — Belle commode en bois de palissandre, forme à contours, ornée sur le devant d'un panneau en ancienne laque fond noir à rehauts d'or, décor à oiseaux et fleurs, ornée de bronzes dorés. Dessus en marbre brèche d'Alep. Époque Louis XV.

Haut., 85 cent.; larg., 1 mètre.

58 — Meuble-crédence s'ouvrant à rabat, avec panneau sculpté en bas-relief, côtés à colonnes et piétement à pilastres; surmonté d'un fronton en retrait. Époque Henri IV.

Haut., 2 m. 20 cent.; larg., 1 m. 40 cent.

59 — Petite étagère japonaise en bois naturel, ornée de plaques et de colonnettes en porcelaine, décor bleu sur blanc.

60 — Jolie petite console en palissandre sculpté et ciré, avec cariatides de femmes sur le devant. Dessus de marbre vert de mer. Style Louis XVI.

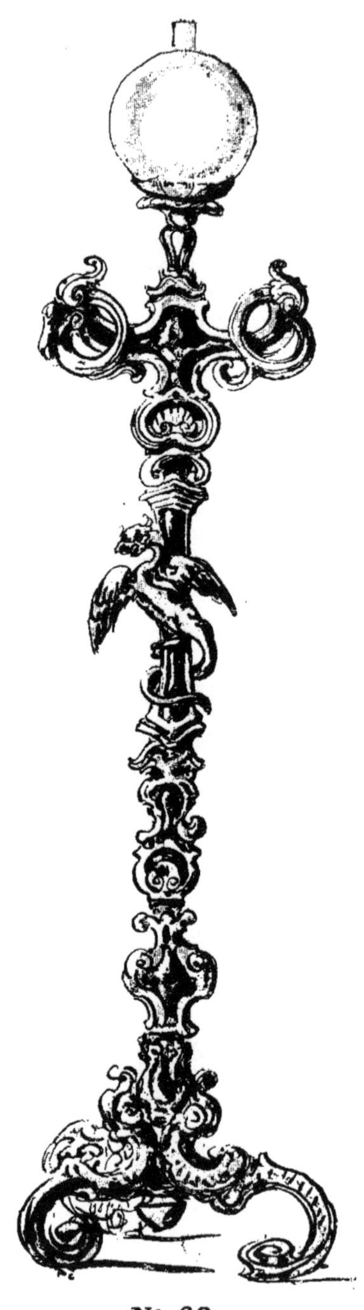

N° 69.

61 — Régulateur de forme Louis XIV, décor à fond d'or avec personnage, attributs guerriers, grillages et ornements en polychrome. Orné de bronzes ciselés et dorés.

62 — Petite étagère-support en bois de fer sculpté. Travail chinois.

63 — Écran en soierie brodée, xviiie siècle, bois sculpté, dessin à rocailles, doré, ton ancien.

64 — Grand coffret en marqueterie de nacre et d'ivoire. Travail oriental du xve siècle.

65 — Coffret à compartiments, orné d'incrustations d'ivoire. Travail vénitien du xvie siècle.

66 — Petit cabinet couvert d'ivoire découpé. Époque xvie siècle.

67 — Grande glace avec cadre à fronton en bois sculpté. Époque Louis XIII.

68 — Deux petits meubles avec panneaux en bois repercé, style persan; sur pieds Louis XIV en bois sculpté et doré.

69 — Deux lampadaires en bois sculpté et doré. Époque Louis XV.

70 — Deux petites consoles d'appliques en marqueterie de cèdre et d'ivoire. Travail ancien de la haute Égypte.

71 — Ancienne armoire normande en bois sculpté et décoré.

72 — Deux fauteuils Louis XVI en bois sculpté, couverts de lampas.

73 — Meuble en bois sculpté, exécuté d'après les dessins de Ducerceau, à colonnes détachées.

74 — Panneau en bois naturel du Japon, décoré d'un vase laqué garni de lotus et fleurs en ivoire teinté.

75 — Table à écrire en laque frottée du Japon, décor à cigognes.

76 — Coffret en bois de fer avec étagère à l'intérieur, panneaux en pierre dure ornés de fleurs et d'insectes en ivoire teinté.

77 — Tabouret en laque noire burgautée du Japon, décor de branches de prunier en fleurs.

78 — Deux grands panneaux rectangulaires en laque fond noir, décor fleurs et oiseaux.

79 — Meuble en bois de fer à tiroirs laqués de branches de cerisiers en fleurs; or sur fond aventurine.

80 — Grand écran en bois sculpté supporté par deux singes; le panneau représente un oiseau de proie sur une branche chargée d'oranges. Travail japonais.

81 — Cabinet s'ouvrant à deux portes en bois d'ébène, orné de plaques de fer repoussé et damasquiné d'or.

BRONZES D'ART ET D'AMEUBLEMENT

PORCELAINES

82 — Paire de belles appliques de style Louis XVI en bronze doré, avec partie décor vernis Martin, à trois lumières, forme rinceaux, prenant naissance dans une torche en feu et ornées d'améthystes et de cristaux.

83 — Jolie garniture de trois pièces en porcelaine de Chine bleu turquoise, avec monture en bronze ciselé et doré à rocailles, et guirlande de fleurs, se composant d'une bouteille de milieu et de deux jardinières. Style Louis XV.

84 — Grand vase en porcelaine de Chine ancienne, riche décor à paysages avec figures en bleu et rouge de fer. Monture en bronze doré, anses à feuillages enroulés et pieds à griffes de chimères.

85 — Belle garniture de cheminée en bronze ciselé et partie dorée, style Louis XVI, composée d'une pendule avec figures de bacchante couchée et deux candélabres, forme vases, ornés de bas-reliefs d'après Clodion, avec bouquets de lumières à fleurs et feuillages.

86 — Très beau vase en porcelaine de Chine (qualité rare), fond violet flambé, décor en réserves, en émail vert, représentant des médaillons de longévité, des lambrequins et des arabesques. Monture en bronze ciselé et doré, formée de grands rocailles. Style Louis XV.

87 — Très belle fontaine avec couvercle en ancienne porcelaine de Chine, fond vert, décor en relief et gravé au dragon impérial. Monture en bronze doré, anses à têtes de lions, gorge à chaînettes, pieds à consoles et tabliers et robinet en forme de dauphin enroulé. Style Louis XIV.

88 — Vase curieux en ancienne porcelaine de Chine, époque primitive; fond vert, décoré d'arabesques et de feuillages avec médaillons de longévité en relief et en brun. Monture en bronze finement ciselé et doré, offrant des guirlandes de fleurs courant sur la panse et suspendues par des couronnes de laurier à des anneaux du vase. Socle à godrons sur plinthe à angles cintrés, et couvercle à chaînettes et feuillages. Style Louis XVI.

89 — Paire de vases en porcelaine de Chine, fond gris tourterelle craquelée. Monture en bronze ciselé et doré, anses à couronnes de laurier; socle à rocailles; couvercles forme coquilles renversées. Style Louis XV.

90 — Paire de jolis candélabres formés de vases surmontés de dragons en bronze du Japon, avec bouquets à trois lumières spirales contournées, en bronze doré de style Louis XV.

91 — Grande et belle aiguière en ancienne porcelaine de Chine, émail fond violet. Monture élégante en bronze ciselé et doré formée de rinceaux et de chaînettes, supportée par trois pieds de bouc. Style Louis XVI.

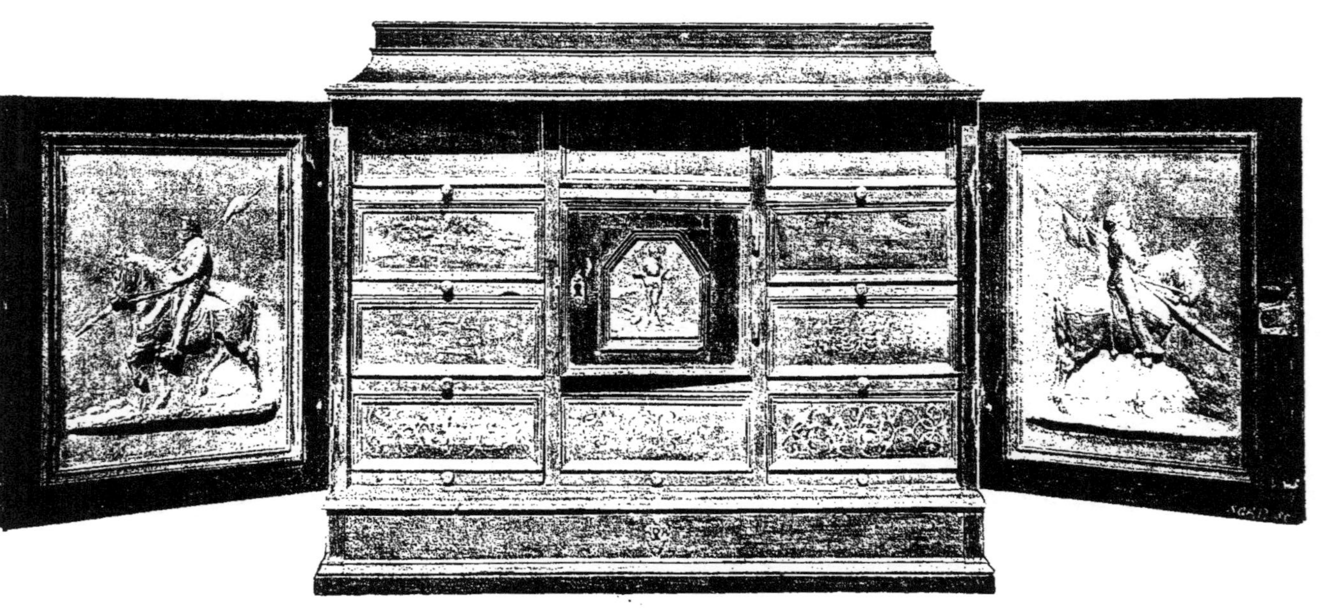

N 81.

92 — Petite pendule formée d'un groupe en ancienne porcelaine de Chine; chimères sur un rocher en fleurs. Socle à rocailles en bronze doré. Style Louis XV.

93 — Vase en ancienne porcelaine de Chine, décor fond bleu, avec dragons réservés en blanc et gravés. Monture en bronze doré de style Louis XIV.

94 — Grande applique en bronze doré, forme soleil, à cinq bras de lumière. Style Louis XIV.

95 — Singe accroupi en blanc de Saxe, monté sur socle et adossé à un arbre, en bronze doré. Modèle rocaille.

96 — Vase de forme feuille en porcelaine de Chine, décor à figures, avec couvercle ajouré en bronze. Style Louis XVI.

97 — Paire de vases en porcelaine de Chine, fond rouge, décor à personnages. Monture en bronze doré. Style Louis XVI.

98 — Groupe en bronze ancien : Hercule terrassant Lycas.

99 — Paire de bouts de table à deux lumières, en bronze argenté. Style Louis XVI.

100 — Cartel forme sphère, encadré d'un soleil, en bois sculpté et doré. Style Louis XVI.

101 — Plaque rectangulaire en ancienne porcelaine de Chine, céladon truité, décor en relief représentant une île fortifiée, au milieu de la mer sillonnée d'embarcations, et offrant à droite une longue légende encadrée.

102 — Garniture mignonnette en porcelaine du Kanga, décor rouge à rehauts d'or, monture en bronze doré style Louis XVI, composée d'un brûle-parfums et deux bouteilles.

103 — Bouilloire avec réchaud en vernis Martin sur métal, décor fond vert avec médaillons à figures de femmes, guirlandes de fleurs et rinceaux en couleur, rehaussé d'or.

104 — Cafetière en vernis Martin, sur métal fond vert, décor à fleurs et rocailles en couleur et rehaussé d'or.

105 — Deux groupes en bronze : *Diane chasseresse* et *Atalante*, sur socles en bronze doré. Style Louis XIV.

106 — Service a thé et a café composé de quatre pièces en vernis Martin sur métal, fond rouge rubis à médaillons bustes de femmes et guirlandes de fleurs.

107 — Lustre à neuf lumières en bronze poli, style gothique.

108 — Brule-parfums tripode, fond jaune pâle, décor au dragon avec couvercle surmonté d'une chimère, monture en bronze doré. Style Louis XVI.

109 — Petite pagode en bois sculpté et à jour. Travail japonais de l'époque primitive.

110 — Vase à quatre faces en ancienne porcelaine de Chine, famille verte, décor à paysages et animaux, avec couvercle ajouré en bronze ciselé et doré. Style Louis XVI.

111 — Vase en ancienne porcelaine de Chine, décor de la famille verte, fond noir surdécoré.

112 — Joli vase à quatre faces, en ancienne porcelaine de Chine, décor de la famille verte, à éventails et rosaces en relief et à jour.

113 — Paire de vases en bronze ancien de Chine, avec anses à têtes chimériques, col et frise gravés.

114 — Paire de lampes, forme de vases, en bronze de Chine, décorées de lambrequins, patine noire partie frottée.

115 — Statuette en bronze représentant *Albrecht IV*.

116 — Petit brule-parfums en ancienne porcelaine de Chine, décor à quadrillés vert et or et médaillons, monture en bronze doré. Style Louis XVI.

117 — Petit brule-parfums en ancienne porcelaine du Japon, décor bleu, rouge et or, monture en bronze doré de style Louis XVI.

118 — Théière forme gourde, de Satzuma, décor à éventails et feuillages.

119 — Brule-parfums forme boule pentagonale, de Satzuma, décor à rehauts d'or, monture en bronze ciselé et doré. Style Louis XVI.

120 — Cassolette forme poisson, en porcelaine de céladon, montée en bronze doré. Style Louis XV.

121 — Théière forme gourde renversée, en ancienne porcelaine de Chine, décor bleu sur blanc, montée en bronze doré. Style Louis XVI.

122 — Tonnelet en porcelaine de Tournai, décoré de sujets d'après Téniers, de paysage et d'un semis de fleurs.

123 — Deux jardinières à pans, en porcelaine, décor à fleurs et feuillages dans le goût de la famille verte.

124 — Deux jardinières en porcelaine de Tournai, fond gros bleu à médaillons de fleurs. Style Louis XVI.

125 — Deux potiches de Chine, décor en violet uni.

126 — Bouteille en ancienne porcelaine de Chine, décor bleu turquoise, à trois goulots.

127 — Deux vases forme gourde, en porcelaine de Chine, fond jaune tacheté de vert avec dragon s'enroulant autour du col.

128 — Groupe de paons en bronze du Japon.

129 — Deux bouteilles de fine qualité, Satzuma craquelé, décor en couleurs, émaux à gouttelette et or, monture bronze doré. Style Louis XVI.

130 — Deux appliques à deux lumières en cuivre repoussé, forme écussons Louis XIV, fond décoré d'attributs.

131 — Plat rond en cuivre repoussé, offrant au centre l'*Enlèvement des Sabines;* au bord, des sujets mythologiques.

132 — Paire de flambeaux en bronze doré. Style Louis XVI.

133 — Deux flambeaux de forme surbaissée, en cuivre gravé. Style persan.

134 — Petite statuette en bronze : *Milon de Crotone.*

135 — Deux petits porte-bouquets en porcelaine de Chine, fond bleu, monture en bronze doré. Style Louis XV.

136 — Figurine d'enfant en bronze doré, sur fût de colonne en porcelaine blanche.

137 — Petit bougeoir en bronze doré, forme rocaille.

138 — Trépied en bronze rouge et frotté. Style japonais.

139 — Pot a tabac en porcelaine décorée dans le genre japonais; monture en étain.

140 — Jardinière en bronze du Japon, décor pointillé en relief.

141 — Petit vase avec anses à anneaux mobiles, en bronze gravé du Japon.

142 — Vase en bronze japonais.

143 — Paire de grosses potiches en porcelaine, genre de la famille verte, décor à paysages et animaux.

144 — Jardinière en pâte tendre, décor médaillons à semis de fleurs, bordure bleu turquoise à rehauts d'or.

145 — Curieuse statuette en porcelaine ancienne. Époque primitive.

146 — Cinq petits flacons a tabac de formes et de décors variés, en porcelaine et en verre de Chine.

147 — Deux gourdes formant bouteille, en porcelaine décorée dans le genre de la famille verte.

148 — Deux flacons en ancienne porcelaine du Japon, décor polychrome à fleurs.

149 — Saucière en porcelaine de Saxe, décor à fleurs.

150 — Brule-parfums, forme pentagonale, en ancienne poterie japonaise, fond gris craquelé rehaussé de bleu.

151 — Vase en ancienne porcelaine de Chine, décoré d'objets d'ameublement en relief.

152 — Bol en poterie de Corée, décor brun à fleurs gravées.

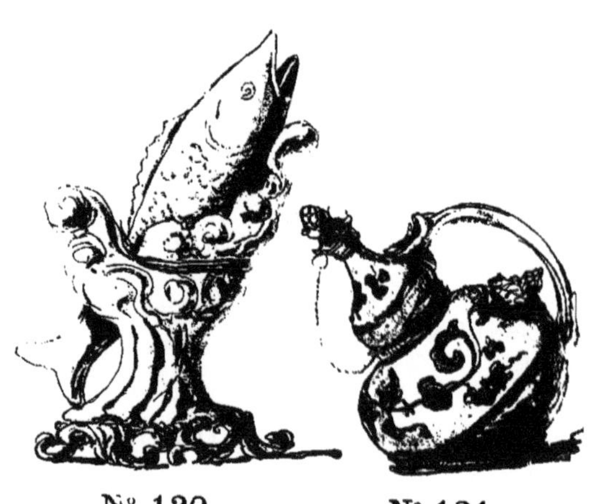

N° 120. N° 121.

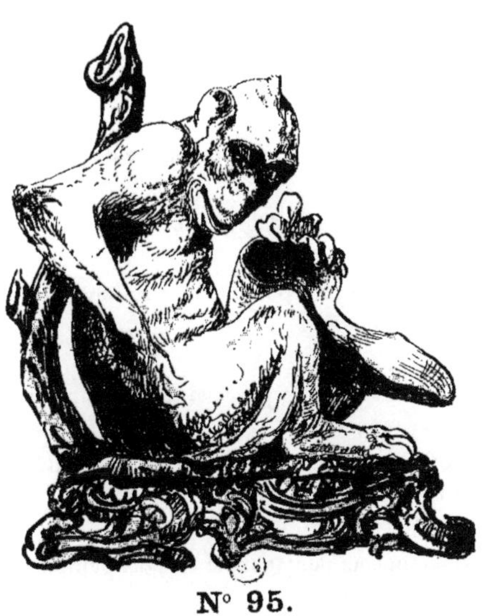

N° 95.

PORCELAINES

153 — Belle cheminée en porcelaine du Japon, décor en camaïeu bleu à sujets et ornements.

154 — Théière de Chine, fond vert avec médaillons en grès, sujets en bas-relief.

155 — Deux bols de Chine, fond bleu au dragon à rehauts d'or.

156 — Coq en grès.

157 — Bouteille surbaissée de Chine, fond bleu.

158 — Boite forme hotte en porcelaine d'Allemagne.

159 — Figurine de coureur, en porcelaine d'Allemagne.

160 — Petite bouteille de Chine, décor bleu sur blanc.

161 — Chauffe-mains en porcelaine du Japon, décor blanc en relief sur fond bleu.

162 — Deux boites a thé en porcelaine de Chine gros bleu.

163 — Flacon surbaissé en porcelaine d'Imari, décor à chimères sur fond rouge et carrelages.

164 — Petite théière pentagonale en porcelaine de Chine, décor à figures et légendes.

165 — Boîte en porcelaine de Tournai, décor à fleurs et rocailles à rehauts d'or.

166 — Boîte en porcelaine de Sèvres, décor à fleurs, bordure bleue.

167 — Boîte en porcelaine de Saxe, décor à fleurs et rinceaux à rehauts d'or.

168 — Deux oiseaux en grès du Japon.

169 — Oiseau en grès du Japon.

170 — Porc en grès du Japon.

171 — Statuette en porcelaine d'Allemagne : un comédien.

172 — Statuette en porcelaine d'Allemagne : personnage Moyen-Age.

173 — Petite aiguière en porcelaine de Chine, décor par compartiments, bordée d'arabesques.

174 — Lanterne en porcelaine du Japon, décor bleu sur blanc.

175 — Théière, forme gourde, de Satzuma, décor à figures et feuillages.

176 — Vase en porcelaine de Chine, décor bleu flambé.

177 — Paire de flambeaux en porcelaine de Kanga, décor en rouge et or.

178 — Deux petits vases de Chine, fond rouge à médaillons.

179 — Deux très petits vases de Chine, jaune uni.

180 — Figurines de Turc et de Persane en porcelaine de Chelsea.

181 — Deux cornets de Chine, fond bleu à médaillons.

182 — Assiette, genre chinois, décorée de chevaux à rehauts d'or.

183 — Pipe, forme tête de femme, en porcelaine de Saxe, montée en argent.

184 — Bol côtelé du Japon, décor polychrome.

185 — Très petit écran en porcelaine du Japon, décor bleu et à jour.

186 — Deux petites bouteilles, décor bleu et or.

187 — Deux petits sucriers avec couvercles de Chine fond capucine, médaillons à fleurs.

188 — Cornet de Chine, famille verte, décor à sujet d'enfants.

189 — Chèvre couchée, en porcelaine de Chine.

190 — Chimère formant cassolette, en porcelaine de céladon.

191 — Grande et belle vasque en bronze japonais, décor en haut-relief.

192 — Grande vasque ronde en porcelaine de Chine, décor d'attributs en haut-relief.

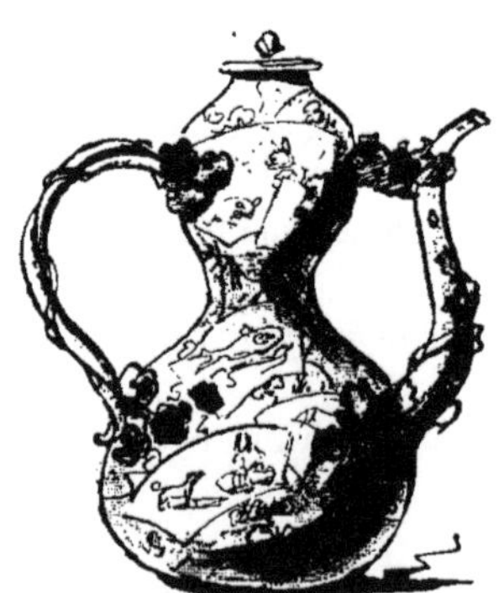

N° 118.

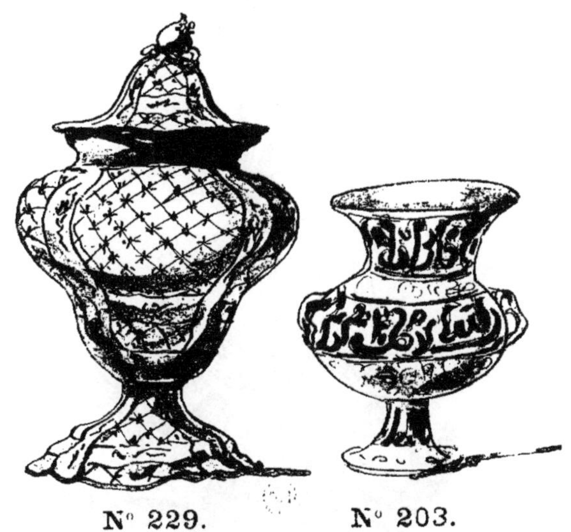

N° 229. N° 203.

INSTRUMENTS DE MUSIQUE

193 — Joli trophée composé de violon, vielle, viole d'amour, tambour de basque, cor de chasse, et autres instruments suspendus à une draperie en brocart blanc.

OBJETS DE CURIOSITÉ

194 — Grande divinité en bois sculpté, rehaussé de peintures et d'or. Élevée sur un rocher. Travail ancien.

195 — Curieuse divinité, dite aux mille bras, en bois finement sculpté ; élevée sur un groupe de nombreux éléphants. Travail chinois et ancien.

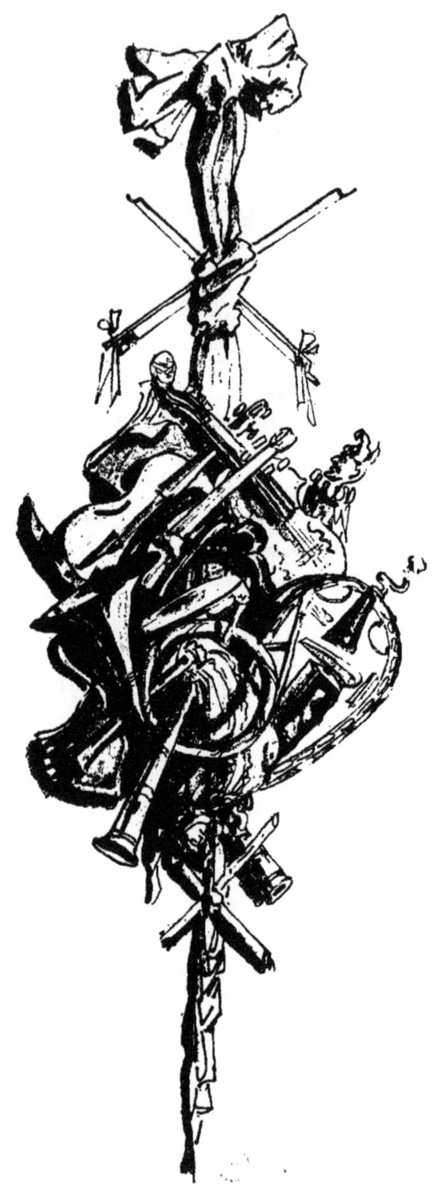

N° 193.

196 — Deux bas-reliefs sur cire représentant un souverain et une souveraine en armure et en costume de cour. Cadres en buis.

197 — Buste en cire : Henri IV sur fût de colonne en albâtre.

198 — Groupe en terre cuite, d'après Clodion : Nymphe, satyre et enfant.

199 — Armure japonaise avec masque.

200 — Pagode en laque rouge de Chine renfermant une divinité en bois sculpté.

201 — Deux figurines de monstres japonais en bois sculpté.

202 — Groupe en terre cuite : *Pieta*, d'après Michel-Ange.

203 — Lampe forme arabe, style du XIVe siècle, en verre émaillé, décor à inscriptions.

204 — Statuette habillée représentant un joueur de cornemuse.

205 — Petite colonnette en faïence émaillée surmontée d'un chapiteau en bronze. Style corinthien.

206 — Petite boite mignonnette à tiroirs en laque fine du Japon, décor à rosaces, rehauts d'or et de fer.

207 — Groupe de deux figures accroupies en bois sculpté. Travail japonais.

208 — Socle de pagode en bois sculpté et doré de Chine.

209 — Petit coffret à dos bombé, couvert en cuir, garniture en fer. xvie siècle.

210 — Petite clef en argent, au chiffre royal de France enchâssé entre deux cariatides.

211 — Socle en bois sculpté et doré de Chine.

212 — Petite trousse, forme ronde et plate, en ancienne laque du Japon, décor à personnages rehaussés d'or.

213 — Statuette de femme japonaise habillée.

214 — Trois figurines en poterie japonaise décorée.

215 — Boîte a Coran avec chaîne en cuivre repoussé et argenté.

216 — Collier oriental à piécettes en cuivre.

217 — Cartouchière en cuir repoussé et argenté. Travail persan.

218 — Petite pagode en bois doré de Chine avec divinité gravée.

219 — Plateau rectangulaire en laque rouge de Pékin.

220 — Deux socles-supports en bois sculpté de Chine.

221 — Socle en bois sculpté de Chine.

222 — Coffret en nacre clouté d'argent.

223 — Groupe de personnages en costumes asiatiques, sujets dans le goût de Le Prince, en terre cuite.

224 — Plateau en bronze argenté posé sur pied en moucharabie.

225-226 — Deux narghilés en porcelaine orientale, montures en argent.

227 — Plaque décorative en marbre représentant en gravure, peints et dorés, des oiseaux et des ornements dans le style vénitien du xve siècle.

FAIENCES

228 — Grand et beau buste : *Le Printemps*, avec sa gaine en faïence, riche décor polychrome, à médaillons, à paysages et guirlandes de fleurs. Dans le goût des plus belles pièces de Rouen.

Haut., 2 m. 25 cent.

229 — Deux jolis vases, forme lobée, avec couvercles en ancienne faïence italienne, fond jaune avec médaillons à treillages.

230 — Bénitier en faïence italienne, décor polychrome et en relief.

231 — Vache en faïence de Delft polychrome.

232 — Fraisier avec son plateau de Delft, décor bleu.

233 — Salière, décor bleu.

234 — Deux petits souliers de Delft, décor bleu.

235 — Cache-pot de Moustiers, décor bleu à armoiries.

236 — Groupe en terre cuite polychrome du Japon : Vieillard et enfant.

237 — Jardinière ronde en grès émaillé à décor de fleurs et enroulements repercés à jour.

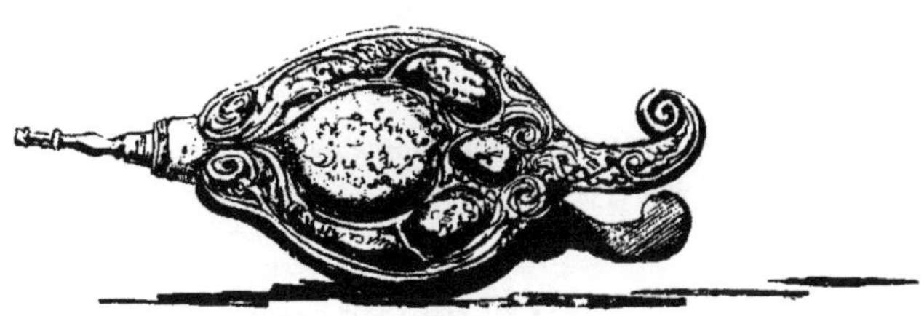

N° 41.

TABLEAUX

CHARDIN

238 — Très beau portrait de Mme de Pompadour, en élégant costume, parée de joyaux.

JANSON

(Signé et daté)

239 — Paysage de la Hollande, animé de bestiaux au pâturage et de figures de paysans.

ÉCOLE FRANÇAISE

240 — *Bord de rivière; effet de nuit.*

241 — *Vue de château au bord d'une rivière.*

Peinture sur fond d'or. Panneau pour trumeau
Deux pendants.

MACKART

(D'après)

242 — *Beau portrait de femme, en costume de la Renaissance.*

Avec cadre en bois sculpté.

RUBENS

(École de)

243 — *Bacchus et déesse.*

POTTER

(D'après PAUL)

244 — *Le Taureau.*

ÉCOLE HOLLANDAISE

245 — *La Partie de cartes.*

ÉCOLE HOLLANDAISE

246 — *Scène de cabaret.*

HEEM

(DAVID DE)

247 — *Fruits et natures mortes.*

PILLEMENT

248 — *Marine encadrée de rocailles.*

TAPISSERIES

ETOFFES — TENTURES — TAPIS — COSTUMES

249 — Série de cinq magnifiques tapisseries tissées d'argent et de soie, représentant des paysages et des jardins à la française d'après *Lenôtre*, animés de scènes mythologiques à personnages. Superbes bordures à attributs guerriers et champêtres d'après *Bérain*. En bel état de conservation.

1re. Haut., 3 m. 70 cent.; larg., 6 mètres.
2e. Haut., 3 m 70 cent.; larg., 5 mètres.
3e. Haut., 3 m. 70 cent.; larg., 4 mètres.
4e. Haut., 3 m. 70 cent.; larg., 4 mètres.
5e. Haut., 3 m. 70 cent.; larg., 2 mètres.

250 — Grand panneau de tenture en satin rouge brodé, à sujet représentant une allégorie de la Pêche inspirée de *Le Prince*.

251 — Grand tapis d'Orient, XVIe siècle, fond bleu foncé avec arbre au milieu, bordure multiple polychrome.

252 — Tapis d'Orient, XVIe siècle, fond rose, petit dessin polychrome.

253 — Tapis d'Orient, XVIe siècle, fond rouge, dessin multicolore, bordure fond crème.

254-279 — Vingt-six tapis anciens d'Orient de diverses grandeurs et des meilleures époques. (Seront vendus séparément.)

280 — Beau kakémonos représentant deux paons sur un rocher couvert de fleurs.

281 — Grande tenture de pagode en soierie fond orange brochée avec franges.

282 — Belle portière soie rose brodée, arbre et semis de fleurs, garnie d'une résille et de franges.

283 — Très belle robe japonaise en velours ciselé et épinglé, couleur prune, garnie de galons satin brodé.

284 — Deux panneaux de décoration : Pierrot et Colombine, sur velours.

285 — Robe japonaise en soie fond bleu, dessin en relief couleur bois.

286 — Robe japonaise en velours brun frappé, garnie en satin brodé.

287 — Trois paires de rideaux en ancien brocart bleu clair tissé d'argent, avec franges assorties et accessoires.

288 — Deux grands rideaux en velours de Gênes, dessin rouge, fond d'or, style Louis XIV, avec garnitures et montures assorties.

289 — Deux grands rideaux en soie rose à fleurs.

290 — Coupe de 15 mètres damas de soie bleue, broché d'or, dessin Louis XV.

291 — Coupe de 15 mètres brocart d'argent et rayé, dessin Louis XVI.

292 — Coupe de velours vert frappé.

293 — Coupe de Pékin jaune rayé et broché, dessin Louis XVI, ton sur ton ($5^{m},20$).

294-298 — Huit pièces de broderie persane de différents genres.

299 — Tapis en peluche rose, bordure satin blanc brodé.

300 — Tapis en satin blanc et peluche brodée.

301 — Tapis de prière en drap bleu brodé et soutaché ancien d'Orient.

302 — Coupe de 6 mètres étoffe brochée, dessin Louis XVI, en blanc sur fond bleu.

303-309 — Quinze pièces, tapis, tentures, en lampas, brocart, de différentes nuances.

310 — Dessus de tabouret en peluche Louis XIV.

311 — Beau tapis en soie verte offrant au centre un médaillon à alliances d'armoiries; autour, des corbeilles de fleurs. Travail ancien de broderie.

312 — Deux pendentifs chinois en satin rose et blanc à double face, richement brodés de sujets et d'ornements.

313 — Robe japonaise en satin marron richement broché à médaillons et fleurs en couleurs.

314 — Robe japonaise en soie gros bleu, brodée à fleurs et papillons.

315 à 318 — Huit pièces en soierie orientale brodée, pour tapis ou décorations. (Sera divisé.)

319 — Belle écharpe en soie blanche avec bordure à arabesques et palmes en broderie d'or. Travail persan.

320 — Joli habit de cour du temps de Louis XV, en satin vert d'eau richement orné de broderies. (Taille de femme.)

321 — Gilet en satin rose richement brodé, du temps de Louis XV.

322 — Gilet en satin crème orné de broderies. Époque Louis XV.

323 — Belle chasuble en velours épinglé, fond or à arabesques vertes, milieu en brocatelle verte et or. Bien conservée. XVIe siècle.

324 — Belle dalmatique en même étoffe et velours uni, bien conservé. XVIe siècle.

325 — Coupe de velours vert, ancien ton émeraude. Long., 6 m. 80 cent.

326 — Tapis en velours de Perse, rouge, grands dessins jaunes. XVIe siècle.

327 — Tapis en velours de Perse, jaune, dessin rouge. XVIe siècle.

328 — Tapis en velours de Perse, rouge, grand dessin rouge. XVIe siècle.

329 — Petit panneau en velours de Perse, fond vieil or, dessin ton sur ton. XVIe siècle.

330 à 336 — Douze jolis petits panneaux en velours de Perse, fonds d'or, d'argent et de soie, dessins variés. (Sera divisé.)

337 à 340 — Cinq peaux à dessins de couleur, pour couvrir des sièges. (Sera divisé.)

341 — Panneau d'écran en velours épinglé gris, avec couple de canards en couleur. Travail japonais.

342 — Panneau d'écran en velours tissé et broché, à semis de fleurs polychrome sur fond marron, avec médaillon au centre. Travail japonais.

343 — Joli panneau en satin gros bleu, avec inscription tissée d'or. Travail chinois.

344 — Panneau en satin ponceau, brodé de soie de couleur, avec lambrequin de Chine.

345 — Cantonnière en satin vieil or de Chine, brodé de fleurs et papillons.

346 — Six ornements-banderoles, en satin richement brodé de Chine.

347 — Devant d'autel en brocart, fond saumon broché, à bouquets de fleurs. Époque Louis XV.

348 — Bandeau en crêpe blanc, brodé d'oiseaux et de fleurs.

349 — Panneau long en satin crème, brodé de dragons et d'inscriptions de Chine.

350 — Grande cantonnière en satin vieil or, richement brodé d'arabesques et d'attributs.

351 — Six grandes banderoles assorties à la cantonnière.

352 — Tapis carré, petite dimension, dessin persan du XVIe siècle, brodé d'or et de divers tons.

353 — Tapis carré, hampes vert olive broché d'or, XVIe siècle, Italien.

354 — Très beau morceau de dentelle vénitienne. — Haut., 1 m. 35 cent.; larg., 0 m. 60 cent. — Fleurs et animaux sur un fond de soie violet très pâle. — Le dessin est serti d'un fil d'or. Très bien conservé.

355 — Objets non catalogués.

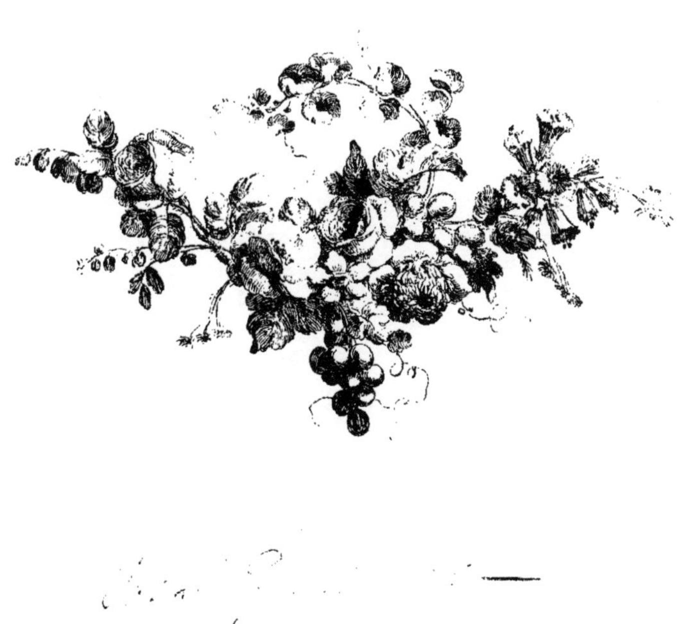

www.ingramcontent.com/pod-product-compliance
Ingram Content Group UK Ltd.
Pitfield, Milton Keynes, MK11 3LW, UK
UKHW020353180726
13839UKWH00003B/1077

9 782329 541129